M. LOUIS NOËL

BIBLIOTHÉCAIRE

DE LA VILLE DE SAINT-OMER

Ancien professeur de Philosophie au Lycée de Saint-Omer,
Officier d'Académie

DÉCÉDÉ A SAINT-OMER, LE 18 FÉVRIER 1875

> Il rayonne ! il jette sa flamme
> Sur l'éternelle vérité !
> Il la fait resplendir pour l'âme
> D'une merveilleuse clarté !
> Victor Hugo.

—————

SAINT-OMER

IMPRIMERIE FLEURY-LEMAIRE, RUE DE WISSOCQ

1875

M. LOUIS NOËL

BIBLIOTHÉCAIRE

DE LA VILLE DE SAINT-OMER

Ancien professeur de Philosophie au Lycée de Saint-Omer
Officier d'Académie

DÉCÉDÉ A SAINT-OMER, LE 18 FÉVRIER 1875

> Il rayonne ! il jette sa flamme
> Sur l'éternelle vérité !
> Il la fait resplendir pour l'âme
> D'une merveilleuse clarté !
> Victor Hugo.

SAINT-OMER

IMPRIMERIE FLEURY-LEMAIRE, RUE DE WISSOCQ

1875

M. Louis NOËL

Il rayonne ! il jette sa flamme
Sur l'éternelle vérité !
Il la fait resplendir pour l'âme
D'une merveilleuse clarté !
                    Victor Hugo.

Dimanche 21 février 1875, ont été célé-
brées, au milieu d'une assistance considéra-
ble de parents et d'amis, venus de tous les
points des départements du Pas-de-Calais et
du Nord, les funérailles de M. Louis Noël,
ancien professeur de philosophie au Lycée de
Saint-Omer, bibliothécaire de la ville, décédé
subitement.

Les cordons du poële étaient tenus par
MM. Albert Legrand, président de la Société
des Antiquaires de la Morinie et membre de

la Commission de la Bibliothèque, Dantu,
chevalier de la Légion d'honneur, ancien
collègue de M. Noël au Lycée de Saint-Omer
et ancien proviseur du Lycée du Havre,
Hermant-Bouquillion, négociant, président
du Tribunal de commerce, Mantel, docteur
en médecine, ces deux derniers, anciens
élèves de M. Noël. La croix était portée par
M. Malard, ancien principal du collége de
Charleville, ami intime du défunt et aussi
son ancien collègue au Lycée de Saint-Omer.

Un grand nombre d'amis ont tenu à ac-
compagner le corps au cimetière où il a été
déposé dans le caveau de la famille Bellart
qui considérait M. Noël comme un des siens.
Après les dernières prières, M. Hermant-
Bouquillion s'est approché de la tombe et en
quelques paroles émues a rappelé les émi-
nentes qualités qui distinguaient le savant
professeur. Il a adressé à sa mémoire l'hom-
mage de l'affection et de la reconnaissance
de ses anciens élèves.

Ces paroles ont vivement impressionné les
assistants qui se plaisaient à échanger entre
eux les souvenirs des actes généreux de leur
ancien ami, de leur ancien professeur ; sa
bienveillance, son noble caractère et les bons
conseils qu'il leur donnait jadis.

M. Noël, pendant sa carrière ne s'est point
mêlé aux luttes politiques, mais son patriotisme les lui faisait suivre avec ardeur. Il
n'a jamais cessé d'espérer le triomphe des
idées libérales et si Dieu nous l'avait laissé
quelques jours de plus, il aurait procuré à
cet homme de bien, à ce Français plein de
cœur, la joie de saluer l'avènement du gou-
vernement qui, dans sa pensée, était le seul
sous lequel la France peut espérer sa régé-
nération.

Après avoir fait le récit de ces funérailles
et des hommages si mérités qu'en cette triste
circonstance a reçu la mémoire de notre ex-
cellent concitoyen, nous eussions voulu faire
également le récit de sa belle existence et
retracer ses utiles travaux, mais cette tâche
est difficile. Dans la vie privée, M. Noël était
un modèle de douceur, de bonté, de dévouement ; à toute époque ses jours étaient mar-
qués par de bonnes et de belles actions,
mais il ne les voulait point faire connaître,
et, quoique le temps nous les ait en partie
révélées, même après sa mort sa volonté à
cet égard, doit être respectée.

Homme de science, M. Noël s'est livré à
de laborieuses recherches historiques, à des
études de philologie et de bibliographie,

mais il n'a pas publié les résultats de ses travaux: il les adressait à d'autres savants pour qu'ils les missent à profit. C'est ainsi qu'il est devenu à l'insu du public le collaborateur de plus d'une œuvre remarquable.

Il a notamment fourni plusieurs fois à M. Littré des renseignements pour la composition de son grand dictionnaire, et à en juger par les lettres de remercîments de l'auteur, ces renseignements étaient précieux.

Il existe en outre de lui des poésies charmantes où la pureté et l'élégance du style rivalisent avec la grâce et la délicatesse du sentiment, mais elles sont restées inédites. Il semble que comme elles exprimaient ses pensées les plus intimes, le poète ait voulu les réserver exclusivement pour ses intimes amis.

Bibliothécaire de la ville, M. Noël prenait un soin extrême du riche dépôt qui lui était confié. Il en compléta le catalogue et en perfectionna le classement. On sait en outre par les personnes que les besoins de leurs études conduisaient à la bibliothèque, avec quelle prévenance et quelle aménité elles y étaient reçues.

Mais c'est surtout comme professeur pen-

dant une grande partie de sa carrière, que
M. Noël a fait preuve d'un rare mérite: Seulement, il faudrait pour le faire apprécier,
rappeler ici ce qu'était au fond et dans la
forme ce cours qui exerça son heureuse influence sur tant de jeunes esprits. Or, nous
devons dire, avec M. Hermant, qui expri-
mait au bord de la tombe l'adieu et le re-
mercîment suprême des anciens élèves du
noble professeur :

« Il est au-dessus de nos forces de faire
« son éloge en rappelant ce qu'était sur ses
« lèvres l'enseignement de la philosophie,
« de dire ce que cet enseignement avait de
« clarté, de solidité, d'élévation; avec quel
« charme et souvent avec quelle éloquence
« il nous était donné, et les idées consolan-
« tes et généreuses et les hautes et fermes
« croyances qu'il faisait pénétrer dans nos
« âmes. Pour cela, il faudrait employer le
« langage si beau et si persuasif de celui que
« nous pleurons. »

Cependant, on pourrait, jusqu'à un certain
point, faire comprendre pourquoi le cours
de M. Noël était si renommé, pourquoi il
était tant goûté par la jeunesse studieuse.

On obtiendrait, à coup sûr, ce résultat en
publiant les deux discours prononcés à la

distribution des prix du Collége, en 1833 et
en 1845.

Dans le premier de ces morceaux oratoi-
res l'auteur avait été forcément conduit par
son vaste sujet à faire l'exposé de ses principes politiques. Ce discours produisit une
vive sensation, porta certains ombrages. Le
jeune professeur fut mandé au ministère
de l'instruction publique, mais il y trouva
M. Guizot et revint après avoir été un peu
groudé de sa hardiesse et beaucoup félicité
de son talent.

Ce ne furent pas du reste les seules félici-
tations que reçut de haut M. Noël en cette
circonstance. Nous ne pouvons résister au
plaisir de rapporter ici ce que lui écrivit
notre éminent concitoyen, M. le conseiller
d'État Parent-Réal.

Voici sa lettre :

Monsieur,

En m'adressant le discours que vous avez pro-
noncé sur les rapports de la philosophie avec les
diverses applications de la pensée, vous m'avez
flatté par une aimable attention et vous m'avez fait
un utile présent. Le savoir et le talent sont réunis
dans cette composition. Vous y vengez dignement
la philosophie et vous ne la particularisez point,
parce qu'il n'y en a qu'une, c'est celle qui fut ca-
lomniée et persécutée, depuis Platon jusqu'à nos

jours, et qui conserve l'immutabilité du temps et l'indépendance de la vérité. M. Portalis a tracé les caractères de la philosophie, ou plutôt de l'esprit philosophique, et Mme de Staël que vous mentionnez, l'a ainsi défendue : « On a voulu jeter depuis « quelque temps, une grande défaveur sur le mot « de philosophie. Il en est ainsi de tous ceux dont « l'acception est très étendue ; ils sont l'objet des « bénédictions ou des malédictions de l'esprit hu- « main, suivant qu'on les emploie à des époques « heureuses ou malheureuses ; mais malgré les in- « jures et les louanges accidentelles des individus « et des nations, la philosophie, la liberté, la reli- « gion ne changent jamais de valeur. L'homme a « maudit le soleil, l'amour et la vie ; il a souffert ; « il s'est senti consumé par ces flambeaux de la « nature, mais voudrait-il pour cela les éteindre ? »

Une question aujourd'hui générale et devenue célèbre, sur laquelle l'injustice et l'ignorance prononcent dans les sens les plus opposés, est de savoir quelle espèce et quel degré d'influence ont eu sur nos révolutions modernes les progrès de l'esprit humain ou ce qu'on appelle philosophie. Cette question débattue chaque jour, et sur laquelle on n'entend que des réponses exagérées, vous venez, Monsieur, de la résoudre sagement.

Vous suivez l'influence de la philosophie dans toutes les phases de la littérature, et vous invoquez l'autorité de Cicéron, dans son application à l'art oratoire, mais vous avez négligé le texte le plus formel par lequel il déclare que *sans la philosophie, ou cherche en vain un orateur*. « *Sine Philosophiâ, non posse effici quem querimus, eloquentem.* » Il faut en effet penser en philosophe, pour parler en orateur. Vous êtes, Monsieur, cet homme complet. Vous avez eu l'art de rendre la philosophie familière et populaire. Vous êtes si clair dans un sujet si grave, et vous communiquez si vivement vos con-

victions que les femmes mêmes sont charmées de
vous lire, et l'harmonie de votre style avec vos
pensées résonne à leurs oreilles comme une mu-
sique.

On a dit que vous vous étendiez trop sur la politique. On vous a même reproché d'avoir touché à
une matière si délicate. En vérité je ne saurais comprendre cette plainte ni ce reproche, et ils ne me
paraissent aucunement fondés. Votre thèse comme
on l'a fort bien observé, est la philosophie *dans ses
rapports avec les diverses applications de la pensée.*
Or, n'est-il pas vrai que la politique est la pensée
du siècle, et l'esprit politique, le caractère de l'époque actuelle ? La politique étant le plus grand intérêt social, il faut reconnaître que cette étude est
l'objet le plus digne d'une jeunesse qui est née sous
l'astre de la liberté. Je ne conçois pas même, je
l'avoue, aucune littérature possible aujourd'hui sans
l'esprit politique, et je m'engage à soutenir cette
proposition *in extenso.* Vous avez été au surplus
sobre de considérations politiques, et votre indépendance de philosophie n'a dépassé aucune limite ni
blessé aucune convenance.

A ne juger même votre dissertation que sous le
rapport littéraire, ce serait une œuvre fort remarquable, et elle prouve par l'ensemble du sujet et de
la composition, vos titres à professer ailleurs qu'à
Saint-Omer, mais cette ville a besoin de vous.
Comme poëte et comme écrivain, vous êtes déjà la
gloire de votre patrie, et, si vous persistez, votre
renommée sera un jour acquise à la France. Si
j'habitais Saint-Omer, je voudrais, Monsieur, être
votre disciple et j'aurais aussi bien du plaisir à
vous entendre aux cours d'assises, faire une application si heureuse de la philosophie à la nature des
délits et des peines. Mes vœux vous suivent du
moins dans cette double carrière, et, avant de ter-
miner la mienne, qui aura été beaucoup moins.

utile, j'ai du bonheur, Monsieur, à vous assurer des sentiments de ma considération distinguée et de mon affectueuse estime.

Parent-Réal.

Le second discours de M. Noël peint l'homme tout entier, sa raison, son esprit et son cœur. — Nous en donnons quelques extraits.

Le sujet était : « *La Nécessité des croyances.* »

Après avoir montré le philosophe Descartes cherchant à asseoir dans son âme la vérité sur les plus solides fondements, il ajoute :

L'homme forcé par la nature de croire à l'existence du monde matériel ne vit pas seulement de pain mais de saintes croyances, et le scepticisme vraiment dangereux est celui qui attaquant l'homme dans les parties les plus vitales de son être lui ravit le patrimoine des grandes vérités, et tarit en lui les sources de la vie morale. Généreux élans, sublime enthousiasme, héroïques dévoûments, magnanimes vertus, tout se flétrit à ce souffle glacé : le froid gagne le cœur, la nuit se fait dans l'intelligence, l'âme se rapetisse et se resserre ; et vide d'espérance, oublieuse de son origine et de sa fin, misérablement mutilée, cette noble fille du ciel perd ses ailes divines, et tombe, reine découronnée, sous l'indigne vasselage des vulgaires instincts, des appétits grossiers, substituant, dans son culte aveugle, la matière à l'esprit, les passions à la raison, l'intérêt au devoir, le présent à l'avenir. Tout a été dit, Messieurs, sur les dangers du scep-

ticisme ; mais ce qu'on n'a pas dit assez, ce qu'on
ne saurait trop redire, c'est l'importance, c'est la
nécessité des principes arrêtés, des fermes croyances ; car, ne l'oublions pas, l'homme vit de foi ; il
a besoin de croire, comme il a besoin de respirer.
C'est à cette condition qu'il est puissant et fort,
qu'il est véritablement homme. Là est le principe
de toute activité, de toute dignité, de toute gran-
deur morale.

. . . .

L'homme est un être sensible, intelligent et libre ;
mais sans une idée puissante qui domine ses facultés, la sensibilité languit sans essor ou s'égare sans
direction, l'intelligence se dissipe et s'éparpille au
hasard, la volonté s'énerve et se décourage, et l'âme
tout entière s'appauvrit et s'affaisse dans une misé-
rable atonie. Maintenant qu'une conviction généreuse pénètre, comme un souffle de vie, dans cette
âme inerte et molle, et soudain vous en verrez
jaillir des rayons de lumière, des trésors d'amour,
des prodiges d'énergie. Dès lors l'intelligence a un
point de départ et un but ; les idées ont un lien qui
les unit, un centre autour duquel elles gravitent,
et, riche désormais de toutes ses forces, la pensée
peut poursuivre d'un pas ferme et sûr, dans le
triple domaine de l'art, de la science et de la morale, la réalisation du beau, la conquête du vrai,
l'accomplissement du devoir.

. . . .

Sans parcourir ici, jeunes élèves, tout le cercle
des devoirs de famille, et pour ne parler que de ce
qui vous est immédiatement applicable, disons un
mot des devoirs des enfants envers leurs pères et
mères.

Libre encore des soins austères de la vie, que
votre âme s'abrite confiante et naïve à l'ombre du
foyer domestique, qu'elle s'abreuve à la source
pure des joies de la famille, qu'elle s'épanouisse

aux doux rayons de la tendresse, c'est là sans doute
une loi de la nature, c'est l'élan spontané, c'est le
premier cri de votre cœur. Il semble que la raison
n'ait rien à voir dans ce commerce ineffable des
âmes, et que la voix grave du devoir se taise devant la voix plus séduisante du sentiment ; mais,
sachons-le bien, Messieurs, notre premier but ici
bas n'est pas le bonheur, c'est le devoir ; le sentiment est l'auxiliaire et non le principe de la morale,
et si profond qu'il soit, il gagnera toujours à se
placer sous la haute tutelle de la raison, sous la
consécration du devoir. Oui, mes jeunes amis, si
vos père et mère sont pour vous les représentants
et les images de Dieu sur la terre, s'ils vous appa-
raissent comme environnés de cette sainte auréole
qui commande le respect et la vénération ; si votre
père est pour vous une providence visible, votre
mère une seconde conscience, oh ! alors, n'en dou-
tez pas, la piété filiale toujours ferme au milieu des
oscillations du sentiment, inébranlable au choc des
intérêts, au souffle des passions, s'enracinera dans
votre âme, dominera votre vie, et sera pour vous le
principe et le gage de toutes les vertus domestiques.

. . . .

L'homme n'appartient pas seulement à la famille ;
il appartient à la patrie. Qu'il ne s'enferme pas
dans l'étroite enceinte du foyer domestique : une
autre sphère lui est ouverte. Sur cette terre qu'il
foule, sous ce ciel qui l'a vu naître, il est des
hommes auxquels il ne peut rester étranger ; et,
dans cette vaste famille, des liens de sympathique
solidarité l'unissent aux générations qui l'ont pré-
cédé, à celles qui le suivront. L'héritage qu'il a
reçu de ses pères, il doit le transmettre à ses enfants, grossi de ses propres conquêtes. Sa pensée
n'est pas circonscrite dans le présent : elle vit dans
le passé et dans l'avenir par le culte des grands
souvenirs et des nobles espérances. Les individus

meurent, les mœurs changent, les lois et les insti-
tutions se renouvellent, les événements succèdent
aux événements, les révolutions aux révolutions ;
seule, au milieu de ce flux éternel des hommes et
des choses, la grande figure de la patrie domine
tous les débris, survit à tous les naufrages, et elle
impose à l'homme de nouveaux devoirs plus graves
plus austères, qui réclament de plus fermes convic-
tions. Elle n'a que faire des hommes qu'alanguit
l'indifférence, que glace l'egoïsme, que dévore
l'ambition ; il lui faut des cœurs chauds et désinté-
ressés ; et ce n'est pas à l'école du scepticisme qu'ils
se formeront. Mais au contraire, dès vos plus jeunes
ans, votre cœur a appris à battre au doux nom de
la patrie ; si, tristes de ses revers, fiers de sa gloire
jaloux de son honneur, vous avez suivi avec une
filiale sollicitude to tes les phases de sa bonne et
de sa mauvaise fortune, si c'est pour vous une
mère auguste et vénérable, contre laquelle c'est
toujours un crime de lever une main impie, qui a
d'imprescriptibles droits à votre respect et à votre
amour, à qui vous devez v s biens, vos talents, et,
s'il le faut, votre bras, votre sang, votre vie ; oh !
si ces saintes doctrines ont dès longtemps germé
dans votre âme, si une éducation généreuse vous a
nourris et comme allaités de ces pieux sentiments,
de ces viriles pensées, vous serez de bons citoyens :
la patrie peut compter sur vous ; et dans ces mo-
ments suprêmes où elle fait appel à ses enfants,
pour défendre son honneur insulté ou ses institu-
tions en péril ou ses frontières menacées, elle verra
surgir en foule des hommes qui puisent dans une
conviction profonde une mâle résolution, un in-
domptable courage, des hommes forts qu'aucun
obstacle n'arrête, qu'aucun danger n'intimide,
qu'aucun sacrifice n'étonne, des hommes qui savent
se dévouer, des hommes qui savent mourir.

. . . .

Il est, Messieurs, une autre patrie, une autre
famille où nous sommes appelés à vivre ; cette patrie, cette famille c'est l'humanité. Sur ce nouveau
théâtre de son développement, gardez-vous d'a-
bandonner l'homme seul et désarmé ; qu'une forte
et saine doctrine éclaire son intelligence, discipline
sa volonté, ou craignez que les instincts grossiers
n'étouffent en lui tout sentiment généreux ; et que,
sous la tyrannie des passions, la raison n'abdique sa
légitime suzeraineté. Dès-lors l'égoïsme, comme un
ver rongeur, pénètre au cœur de la société ;
l'homme, emprisonné dans son étroite personna-
lité, ne voit dans ses semblables que des obstacles
ou des instruments, des ennemis ou des complices,
et dans ce sommeil de toutes les grandes idées,
dans cet oubli de tous les devoirs, le monde n'est
plus qu'une arène sanglante où périt le droit, où
triomphe la force, où gémit l'humanité. Mais dites à
cette âme ensevelie dans son égoïsme : cet homme
que tu hais ou que tu dédaignes, doué des mêmes
facultés, soumis aux devoirs, réservé aux mêmes
espérances, c'est ton semblable, ton égal, ton frère
devant Dieu ; pauvre, il faut le secourir ; faible, le
protéger ; ignorant, l'instruire ; affligé, le consoler !
Ah ! que l'homme recueille comme un rayon du ciel
ces immortelles vérités, qu'il les médite pieusement
dans la solitude de sa pensée, qu'il en fasse la
nourriture et la vie de son âme, et tout va changer
d'aspect ; les mauvais instincts se taisent, l'indivi-
dualisme s'efface, les sympathies se réveillent, la
pitié remue ses entrailles, son cœur se réchauffe,
s'épure, se transforme, et, comme le rocher touché
par le prophète, il épanche sur le monde une source
vive de dévouement et d'amour. La charité a ses
héros et ses martyrs ; elle s'attache au malheur
comme l'avare à son trésor, comme la mère à son
enfant ; elle l'embrasse d'une étreinte fraternelle,
elle le couvre de son aile divine, et aussi ingénieuse

qu'infatigable en ses métamorphoses, elle revêt des
formes aussi variées que celles de la misère humaine ; elle a un secours pour tous les besoins,
une larme pour toutes les douleurs, un baume pour
toutes les blessures.

Dans l'antiquité, vous le savez, Messieurs, chaque
peuple enfermé dans un patriotisme souvent sublime, toujours exclusif, ne considérait les autres peu-
ples que comme des étrangers, des barbares, des
ennemis. C'est le suprême bienfait comme l'éternel
honneur du christianisme d'avoir mis en lumière
ce grand principe de la fraternité humaine, d'avoir
développé et propagé ces hautes vérités de droit
naturel, si long-temps voilées et méconnues. Ad-
mirable effet d'une foi puissante ! partout se révèle
l'empire croissant de la justice et de la charité ;
partout se prépare et se consomme la réhabilitation
de la faiblesse et du malheur : La femme a conquis
au foyer domestique la place qui lui appartient ;
l'esclavage, cette plaie des sociétés antiques, cette
honte des sociétés modernes, tend à disparaître de
la face de la terre. Qu'il soit riche ou pauvre, fort
ou faible, savant ou ignorant ; qu'il vienne d'Athè-
nes ou de Rome, de Berlin ou de Paris, l'homme
est désormais marqué aux yeux de tous d'un
sceau inviolable et sacré.

. . . .

De toutes les idées dont l'intelligence humaine est
en possession, la plus haute et la plus féconde,
c'est l'idée de Dieu ; idée lumineuse, autour de laquelle gravite et s'ordonne tout le système des
grandes vérités morales ; idée nécessaire, sans laquelle la morale est un effet sans cause, le monde
une énigme sans mot, la vie un problème sans so-
lution. Qu'est-il besoin de vous dire toutes les
ressources que l'homme trouve dans cette sainte
croyance. Au milieu des soins qui le troublent, des
passions qui l'agitent, des besoins qui le captivent,

des mille liens qui l'attachent à la terre, il lui est
bon quelquefois de lever les yenx en haut ; sur
cette mer orageuse où il s'égare, battu de mille
vents contraires, c'est au ciel qu'il doit demander
sa route ; c'est dans cette sphère auguste et sereine
qu'il oublie un moment les hommes et leurs petites-
ses, la vie et ses misères, le monde et ses vains
bruits. Oui, c'est dans ce commerce austère des
idées divines, dans cette contemplation des perfec-
tions suprêmes, dans ce sublime pèlerinage de
l'âme aux régions de l'infini que l'homme puise des
forces, des consolations, des espérances. Et ce n'est
pas là seulement une idée spéculative dont la mé-
ditation apaise, élève et purifie l'âme ; c'est aussi,
c'est avant tout une idée essentiellement pratique,
règle souveraine de nos actions.

. . . .

Recueillez avec une pieuse avidité les précieux
enseignements que vous offre une éducation religieuse et libérale. Préparez-vous de loin aux épreu-
ves de la vie ; amassez-vous un trésor de saintes
vérités ; nourrissez, fortifiez votre âme de saines et
vives croyances : c'est un viatique pour la route,
c'est une armure pour le combat. Vous surtout avec
qui il m'a été donné de vivre toute une année dans
le double commerce de l'esprit et du cœur ; vous,
les aînés de notre jeune famille, permettez à celui
qui fut votre maître et qui toujours restera votre
ami, de vous adresser au milieu de cette fête une
grave et dernière parole. Tout-à-l'heure vous salue-
rez d'un dernier adieu cette paisible et studieuse
retraite où s'abritèrent vos jeunes années. Vous
allez abandonner le rivage pour la haute mer ; vous
allez revêtir la robe virile ; une ère nouvelle s'ouvre
pour vous, et avec plus d'indépendance commencent
pour vous une plus sérieuse responsabilité et de
plus grands dangers. Aujourd'hui, mes jeunes
amis, votre intelligence est ouverte à toute grande

idée ; tout ce qui est bon, tout ce qui est beau
trouve un écho dans votre cœur ; une sève ardente
circule dans vos veines, l'enthousiasme frémit dans
votre sein. Oh ! conservez, conservez long-temps
cette élévation d'idées, cette virginité d'émotions,
cette candeur, cette richesse de l'âme, cette admi-
rable ardeur du bien, mère de tous les dévouements
et de toutes les vertus.

. . . .

Enfin il est une autre considération que je ne puis
passer sous silence. Eh ! pourquoi à ceux qui vont
être des hommes, ne parlerais-je pas un langage
d'homme ? Pourquoi vous tairai-je une austère vérité
dure à entendre, mais utile à connaître ?

La vie, il faut bien le confesser, n'est pas telle,
Messieurs, qu'elle vous apparaît à travers le voile
de l'inexpérience. Elle réserve au mieux préparé
de bien tristes mécomptes. Au moment où notre
esprit se berce et s'endort dans le vague enchante-
ment de ses espérances, la rude main du malheur
nous réveille en sursaut et nous apporte ses sévè-
res enseignements. Dès lors la scène change, le
prestige se dissipe, les choses se montrent à nous
sous leur véritable jour : bientôt les rêves dorés
s'envolent, les affections se brisent, et chaque jour
le temps et la mort jonchent notre route de nouveaux
débris. Oh ! mes jeunes amis, à cette heure fatale
où l'homme survit au naufrage de ses espérances,
où l'ennui, le dégoût, le découragement vont enva-
hir son âme déserte et désenchantée, heureux !
trois fois heureux ! s'il lui reste une planche de salut,
et s'il peut au milieu de la tourmente, s'attacher d'une
main courageuse au roc immobile des grandes vérités morales ! Le malheur frappe sa tête sans la courber.
Debout, au sein de la tempête, il est calme, il est
fort, il est grand ; parce qu'il croit, parce qu'il con-
naît le rôle de l'homme sur la terre, parce qu'il est
convaincu que la vie est bonne pour qui sait la

comprendre, pour qui la voit de haut. Oui, mes jeunes amis, longue ou courte, douce ou amère, elle est bonne, quand elle est conforme à son but quand elle est soumise au devoir, quand elle est ornée de vertus ; elle est bonne pour qui pénètre bien le sens de ces mots augustes : Dieu, la famille, la patrie, l'humanité.

En se vouant, pendant près d'un quart de siècle, à répandre dans le sein de la jeunesse ces hautes et sages leçons, en le faisant avec ce talent, avec l'autorité que donnait en outre à sa brillante parole son cœur bienveillant et affectueux, son caractère modeste et digne et sa vie exemplaire, M. Noël a grandement servi son pays, il a acquis des droits à la reconnaissance de tous.

C'est à juste titre dirons-nous, après avoir relu les pensées de cet esprit lumineux et profond associé à cette âme aimante et religieuse, c'est à juste titre qu'il a été proclamé sur sa tombe, qu'admis en récompense de ses vertus, parmi des intelligences supérieures, il ne serait pas, au milieu d'elles, un étranger.

www.ingramcontent.com/pod-product-compliance
Lightning Source LLC
Chambersburg PA
CBHW060204070426
42447CB00033B/2440